AF497808

MÉMOIRE

TÉLÉGRAPHIE ÉLECTRIQUE,

Par M. Werner SIEMENS (de Berlin),

Ancien Officier d'Artillerie.

PARIS,

IMPRIMERIE DE BACHELIER,

rue du Jardinet, 12.

—

1850

MÉMOIRE SUR LA TÉLÉGRAPHIE ÉLECTRIQUE ;

Par M. Werner SIEMENS (de Berlin),
Ancien officier d'Artillerie.

(Présenté à l'Académie des Sciences, le 15 avril 1850.)

L'objet de ce Mémoire est de faire connaître les méthodes de télégraphie électrique de mon invention, que le gouvernement prussien a adoptées au commencement de l'année 1848 et qui depuis sont d'un usage presque général dans tout le nord de l'Allemagne.

Tout télégraphe électrique se compose essentiellement de deux parties, du circuit conducteur, et des appareils destinés à transmettre et à recevoir les signaux. En conséquence, je diviserai ce Mémoire en deux chapitres, le premier traitant de l'établissement du circuit, le second de la construction des appareils.

Chapitre I. — *De l'établissement du circuit télégraphique.*

Remarques générales. — Tous ceux qui se sont occupés de l'application pratique de la télégraphie électrique s'accorderont facilement sur ce point, savoir, que l'immense majorité des perturbations auxquelles sont sujets les télégraphes électriques provient des variations dans l'intensité des courants employés. La cause de ces variations réside, soit dans la source des courants, soit dans les conditions variables du circuit conducteur. La première de ces causes perturbatrices peut être aisément éliminée en faisant usage de sources constantes. Je me contenterai d'observer à cet égard que je donne la préférence à la pile de Daniell. Quant aux perturbations qui découlent des conditions variables du circuit même, on en peut distinguer trois classes.

1°. *Pertes d'électricité par suite de l'isolement défec-*

tueux du fil conducteur.—Lorsque le fil conducteur n'est pas bien isolé, par suite, par exemple, de l'humidité des poteaux et des pièces d'isolement intermédiaires, chaque communication indue entre le fil et le sol donne lieu à un courant dérivé qui reprend le chemin de la pile sans se rendre jusqu'à l'autre bout du fil, et dont l'intensité est à celle des autres courants dérivés semblables et du courant principal, dans le rapport inverse des résistances des différents circuits, dérivateurs et principal. Il en résulte que l'intensité du courant est augmentée à la station où se trouve la pile, et diminuée à la station opposée. Le jeu des appareils ayant été, le plus souvent, tout naturellement adapté à l'intensité du courant à la première station, l'augmentation d'intensité à cette station n'a pas, jusqu'ici, attiré l'attention des ingénieurs. Cette attention, en revanche, s'est d'autant plus portée sur la diminution d'intensité à la station opposée, qui était cause que les appareils ne marchaient pas, et de là le nom de *pertes* par lequel on s'est habitué à désigner l'effet le plus saillant, à première vue, de l'isolement imparfait du fil.

Il semble, à la vérité, que l'on devrait pouvoir parer à l'inconvénient résultant de ces pertes, en adaptant le jeu des appareils à l'intensité des courants telle qu'elle se manifeste encore à la station opposée. Le moyen serait bon, si les pertes avaient toujours lieu aux mêmes points du fil, et si leur grandeur restait constante pour le même point. Mais l'isolement des différentes parties du fil étant, avec les fils aériens, dans la dépendance absolue de l'état de l'atmosphère aux environs de ces parties, l'expédient en question reste, comme on voit, complétement illusoire.

2°. *Perturbations par l'électricité atmosphérique.*—Il est toutefois un moyen très-efficace de remédier auxdites pertes. Ce moyen, usité sur plusieurs des anciennes lignes télégraphiques de l'Allemagne, consiste à enrouler le fil autour du col d'une espèce de cloche en verre ou en porcelaine, fixée au sommet des poteaux de suspension, de manière à ce que l'isolement soit effectué par la surface interne toujours à l'abri et, par conséquent, à sec de la cloche. Mais à mesure qu'on obtient par là une diminution des pertes et des inconvénients qui en résultent, il se développe un autre genre de perturbations, non moins grave, dont la cause doit être cherchée dans les influences variables de l'électricité atmosphérique. L'expérience, en effet, a démontré trois espèces distinctes de perturbations de cette nature.

La première consiste en des courants continus, d'intensité et de direction variables, qui se présentent par un temps serein, et particulièrement dans les terrains accidentés. Dans les contrées montagneuses et à certaines heures de la journée, ces courants, dont la cause est assez obscure, atteignent une intensité telle, qu'ils mettent un obstacle insurmontable au service des appareils. La seconde espèce de perturbations est produite par les mouvements, dans le voisinage du fil, de nuages chargés d'électricité. Dans ces mouvements, la charge par induction du fil venant à varier, on observe également des courants qui, par un temps orageux, et surtout quand à l'une des extrémités du fil il tombe de la pluie ou de la neige, deviennent encore assez puissants pour mettre fin au service. Quant à la troisième espèce de perturbations, c'est celle qui, en temps d'orage, provient de véritables décharges d'électricité atmosphérique qui foudroient le fil, les appareils, et, indépendamment de ces dégâts, compromettent la santé et la vie des personnes chargées du service.

Les perturbations dues à l'électricité atmosphérique deviennent d'autant moins sensibles que l'isolement est moins parfait, parce qu'alors, dans les temps de la marche des appareils où le circuit n'est pas fermé, les charges et décharges du fil se font par les points de dérivation établis dans sa longueur, de manière à libérer les appareils d'une partie des courants étrangers ; mais, évidemment, d'après ce qui précède, l'on a toujours à choisir entre les inconvénients provenant de cette cause et ceux qui résultent des pertes d'électricité.

3°. *Perturbations par suite de lésions du fil, accidentelles ou dues à la malveillance.*—Je crois pouvoir me borner, enfin, à signaler simplement ce troisième genre de perturbations auquel, comme tout le monde sait, les fils aériens sont si fort sujets à raison de leur situation exposée, et qui rend l'emploi des télégraphes électriques si peu sûr, précisément lorsqu'ils sont appelés à rendre les services les plus importants.

Considérations générales sur les fils aériens et les fils souterrains. — Tous ces inconvénients réunis s'étant manifestés de bonne heure dans l'emploi des fils aériens, il est naturel qu'on ait bientôt songé à y mettre fin en plaçant les fils sous terre. En effet, il n'est pas besoin de dire à quel point la sûreté du service doit se trouver accrue par ce moyen, les fils souterrains étant presque totalement mis à l'abri des lésions accidentelles et de celles par malveillance. On voit pareillement que par la présence d'une couche plus ou moins épaisse de sol humide, et par conséquent conducteur, qui les recouvre, les fils souterrains doivent être soustraits soit aux ravages du tonnerre, soit aux autres influences de l'électricité atmosphérique, moins violentes, mais, à raison de leur plus grande fréquence, plus préjudiciables encore à la sûreté du service. Malheureusement, vis-à-vis de ces avantages incontestables, est venue se placer, dès le début, l'apparente impossibilité d'atteindre à un isolement suffisamment parfait des fils souterrains. Aussi est-ce vers ce but qu'ont été dirigés, depuis l'origine de la télégraphie électrique, de nombreux efforts, restés pour la plupart infructueux. Cependant la difficulté a fini par être complétement vaincue, et je m'en vais tracer à présent, en peu de mots, l'historique de cet important progrès de la télégraphie électrique.

Historique de l'invention des fils souterrains. — M. Jacobi, de Saint-Pétersbourg, est le premier qui s'est occupé avec suite de l'établissement des fils souterrains. A cet effet, il essaya d'abord de loger les fils dans des tubes de verre réunis bout à bout, puis il voulut les couvrir de caoutchouc en bandes étroites qu'il enroulait autour d'eux ; mais il échoua des deux manières. En Angleterre et dans les États-Unis d'Amérique, l'on eut recours, sur des trajets de peu d'étendue, à des conduits de fonte ou de plomb pour protéger contre l'humidité du sol l'enduit de coton verni dont les fils étaient recouverts ; toutefois, le degré d'isolement atteint ne se trouva pas suffisant.

Les choses en seraient sans doute restées là encore bien longtemps, si, à la même époque, l'industrie n'avait pas été enrichie d'une nouvelle matière première dont le pouvoir isolant n'est égalé que par sa merveilleuse aptitude à se prêter, sous l'influence de la chaleur, aux formes les plus variées. On entend bien que je veux parler de la *gutta-percha;* et en effet, je n'en eus pas plutôt manié les premiers échantillons, que je sentis tout le parti qu'on devait pouvoir tirer de cette substance pour la solution du problème des conduits électriques souterrains.

Ce fut en automne 1846 que je commençai mes expériences. Dès le printemps de 1847 elles furent assez avancées pour que je pusse proposer à la Commission de télégraphie électrique de Berlin d'adopter le système des fils souterrains basé sur l'emploi de la gutta-percha comme enduit isolant. La Commission me chargea d'abord de l'exécution d'une ligne d'épreuve de $2\frac{1}{2}$ milles d'Allemagne (à peu près 19 kilomètres) de longueur, aux environs de Berlin, et ce premier essai ayant réussi, la Commission, au printemps de 1848, adopta définitivement mon système pour toutes les lignes télégraphiques à exécuter dans l'étendue de la monarchie prussienne, à l'exclusion seulement des trajets où n'existeraient encore ni grandes routes, ni chemins de fer.

A dater de cette époque, sept grandes lignes télégraphiques souterraines ont été établies en Prusse, en majeure partie sous ma direction, pour le service de l'État. Ces lignes représentent actuellement une longueur totale de plus de 3oo milles d'Allemagne (à peu près 2 5oo kilomètres). A la fin de cet été (185o), cette longueur se trouvera déjà plus que doublée par l'exécution de nouvelles lignes de l'État et de lignes à l'usage des chemins de fer. D'ailleurs les gouvernements autrichien et saxon ont également adopté, pour leurs lignes télégraphiques, mon système de conduction souterraine.

Fabrication du fil enduit de gutta-percha. — Les fils de cuivre rouge ont de 1^{mm},9 à 2^{mm},5 de diamètre. Ils sont recouverts d'un enduit de gutta-percha sulfurée de la même épaisseur que le fil, parfaitement continu, et, en particulier, sans suture longitudinale. Voici l'exposé sommaire du procédé qui sert à enduire le fil de gutta-percha.

Une boîte métallique en forme de parallélipipède est percée, à l'une de ses faces, d'une série de trous du diamètre du fil nu, et à la face opposée d'une série correspondante de trous du diamètre du fil enduit. A travers les trous correspondants sont établis les fils nus, de manière, toutefois, à être centrés dans les trous de la large espèce. La boîte est chargée de gutta-percha sulfurée, à l'état plastique, et soumise à une pression assez considérable pour qu'elle tende à s'échapper par les orifices annulaires qui subsistent entre le fil nu et les parois de la boîte dans les trous de la large espèce. Mais, en sortant par ces orifices, la masse plastique adhère au fil et l'entraîne dans son jet, en le recouvrant d'une couche d'égale épaisseur sur tous les points. La fabrique de MM. Fonrobert et Pruckner, à Berlin, jusqu'ici la seule en possession de cette industrie, fournit par jour à peu près 40 kilomètres de fil enduit de gutta-percha.

Procédés pour s'assurer de l'isolement du fil. — Quelques précautions que l'on prenne dans la confection du fil, il arrive pourtant de temps à autre qu'il présente des points où, par une légère solution de continuité de l'enduit, due surtout à la présence de petites bulles d'air comprimé dans la masse plastique, l'isolement se montre plus ou moins défectueux. Avant de livrer les fils à l'usage, il faut donc tâcher d'éliminer ces imperfections. Cela se fait de la manière suivante.

L'ouvrier saisit de l'une de ses mains l'un des bouts d'une hélice à induction, dont l'autre bout communique à l'une des extrémités du fil. On fait passer successivement tous les points du fil dans un baquet plein d'eau acidulée, dans laquelle l'ouvrier tient l'autre main plongée. Les courants d'induction sont incessamment réveillés par l'action de l'appareil à lame vibrante du docteur Neef. Aussitôt que, dans la marche progressive du fil à travers le baquet, une solution de continuité de l'enduit permet à l'eau acidulée de fermer le circuit en se mettant en contact avec le fil métallique, l'ouvrier est en proie à des commotions tellement vives, qu'elles ne sauraient échapper à la vigilance même la plus obtuse.

Après qu'on a fait disparaître, à l'aide d'artifices faciles à imaginer, les défauts d'isolement rendus ainsi manifestes, le fil est soumis à une dernière épreuve, qui consiste à l'immerger en même temps dans toute sa longueur, ses deux bouts exceptés, dans un baquet d'eau acidulée, dans laquelle plonge l'une des extrémités d'un galvanomètre de 12 000 tours à aiguille astatique, dont l'autre extrémité communique, par l'intermédiaire d'une pile de 8 couples de Daniell, à l'un des bouts du fil. Le moindre défaut d'isolement qui existe encore dans le fil se traduit aussitôt par la déviation de l'index du galvanomètre.

Établissement des fils souterrains. — On couche les fils, sans autre lit artificiel, dans la tranchée ouverte sur le plateau du chemin de fer à une profondeur de $0^m,8$. On a soin de souder les bouts du fil qui atteignent une longueur d'environ 300 mètres, et d'envelopper de gutta-percha les soudures. Le passage des ponts s'effectue dans des tubes de fer. De pareils conduits existent encore partout où, par suite de circonstances particulières, l'on est obligé de donner au fil une position plus rapprochée de la surface du sol. S'agit-il de franchir des eaux en l'absence de ponts, ou bien là où il n'y a que des ponts-levis, le même procédé est encore mis en usage; seulement les tubes sont pourvus, de distance en distance, de joints, de manière à rappeler l'aqueduc submergé à queue de homard de l'illustre ingénieur écossais.

Procédés pour explorer l'isolement et la continuité du fil en place. — Comme dans le transport et l'établissement du fil, il est exposé à bien des chances d'accident, il est nécessaire, pendant le progrès du travail, de pouvoir s'assurer de temps en temps s'il n'y a pas solution de continuité, soit du fil métallique, soit de l'enduit isolant. Cela se fait aisément ainsi qu'il suit.

A la station où l'on commence à coucher le fil, on place un mouvement d'horlogerie, qui, de deux en deux minutes, fait communiquer pendant quelques secondes l'extrémité du fil au sol. Chaque fois que les ouvriers sont arrivés à un bout du fil, ils établissent de leur côté une communication permanente entre son extrémité libre, un galvanomètre, une pile et le sol. Si le fil métallique est intact, il faut que de deux en deux minutes l'aiguille éprouve une déviation, et si l'isolement est parfait, il faut que dans les intervalles elle revienne à zéro.

Procédés pour découvrir le lieu précis de solutions de continuité, soit de l'enduit isolant, soit du fil métallique. — Malgré toutes ces précautions, il peut se faire que, sur une ligne souterraine d'exécution irréprochable à l'origine, il se développe dans le cours du temps des défauts d'isolement ou de conduction plus ou moins graves. Ce sont, ou bien des lésions de l'enduit qui, effectuées dans le transport ou dans l'enterrement du fil, donnent peu à peu accès à l'humidité du sol, ou bien de pareilles lésions produites par la pioche des ouvriers terrassiers, dans des travaux imprudemment exécutés dans le voisinage du fil sur le plateau du chemin de fer, ou bien enfin des lésions dues à la malveillance. Ces deux dernières causes peuvent même amener une rupture totale du fil. Il s'agit donc maintenant de trouver les moyens de reconnaître sans trop de peine, et dans le plus court délai possible, le lieu précis de ces deux genres de lésion.

Quant aux défauts d'isolement, l'opération est susceptible d'être singulièrement abrégée à l'aide d'une formule que je vais indiquer. Désignons par A et B les stations télégraphiques entre lesquelles existe la lésion de l'enduit. Nous nommerons extrémité A, extrémité B du fil, les extrémités qui se trouvent aux stations A et B. Soient de plus a et b les résistances du fil comprises entre les stations A et B et le lieu de la lésion, α et β les résistances qu'éprouve un courant à passer du fil au sol par les plaques métalliques submergées aux stations A et B, enfin γ la résistance qu'un courant éprouve à passer du fil au sol à l'endroit de la lésion. Alors, faisant communiquer directement au sol l'extrémité B du fil et l'extrémité A par l'intermédiaire d'une pile, et nommant d'ailleurs s et s' les intensités des courants mesurées en A et B à l'aide de galvanomètres comparables, on aura

$$s' = \left(\frac{\gamma}{b + \beta + \gamma} \right) s,$$

d'où l'on tire

$$\frac{b + \beta}{\gamma} = \frac{s - s'}{s}.$$

Maintenant, qu'on renverse la disposition de manière à ce que ce soit l'extrémité A qui communique directement au sol, et l'extrémité B où se trouve la pile. En donnant au courant la direction contraire dans le fil, afin que la polarisation en γ ait la même valeur qu'auparavant, et nommant d'ailleurs σ et σ' les nouvelles intensités des courants en A et B, l'on aura cette fois

$$\frac{a + \alpha}{\gamma} = \frac{\sigma - \sigma'}{\sigma}.$$

En divisant la seconde équation par la première, on élimine γ et l'on trouve

$$\frac{a + \alpha}{b + \beta} = \frac{(\sigma - \sigma')\, s'}{(s - s')\, \sigma'},$$

d'où l'on déduit le rapport de a et b. Dans cette formule, on n'a pas tenu compte de la résistance de la pile; mais sur des lignes télégraphiques d'une longueur tant soit peu considérable, cette résistance par rapport aux autres résistances est assez petite pour être négligée sans inconvénient. La même considération pourra presque toujours s'appliquer aux constantes α et β dont la somme revient à ce que l'on est convenu d'appeler la résistance de la terre; sinon, il faudra avoir déterminé α et β par des expériences préalables.

Quelque imparfaites que restent nécessairement les mesures de ce genre, la formule que je viens de donner sert pourtant à déterminer le lieu d'une lésion de l'enduit isolant, à un centième près de la longueur des lignes tant soit peu étendues, et d'ailleurs bien isolées. On arrive par là du moins à connaître les deux stations du chemin de fer entre lesquelles existe la lésion. Pour en resserrer le lieu entre des limites plus étroites, on procède de la manière suivante.

Les extrémités A et B du fil étant isolées, l'on se transporte au milieu du trajet compris entre les deux stations du chemin de fer, l'on y coupe le fil, et l'on en réunit successivement les deux bouts au sol par l'intermédiaire d'une pile et d'un galvanomètre d'une sensibilité appropriée. Évidemment la lésion doit se trouver du côté de l'endroit coupé où l'on observe une déviation de l'aiguille. Ainsi, la longueur du fil qui renferme la lésion est réduite de moitié. Après avoir rétabli le fil, on va répéter la même opération au milieu de la distance comprise entre les nouvelles limites, et ainsi de suite. Douze bissections pareilles à peu près, entre deux stations du chemin de fer de la distance moyenne usitée en Allemagne (20 kilomètres), suffisent pour préciser le lieu de la lésion à quelques mètres près. Alors il n'y a plus qu'à déterrer une longueur correspondante du fil et à rétablir l'intégrité de l'enduit par les procédés convenables.

Pour déterminer le lieu d'une rupture du fil métallique, on établit, à l'une des stations télégraphiques, une pile en communication d'une part avec le fil, de l'autre avec le sol. On s'assure de l'intégrité du circuit entre un endroit donné et la pile, en plongeant dans l'enduit isolant, jusqu'au contact du fil métallique, un stylet acéré, au bout duquel on applique la langue; on reconnaît aisément la présence du courant à la saveur particulière qu'il développe. Quoique ce moyen suffise, il va sans dire que l'on peut aussi se servir du galvanomètre.

Si l'on a eu soin, dans l'établissement de la ligne, de se ménager de distance en distance des points d'un accès facile au fil souterrain, et si dans le cours de l'opération on accélère le transport des ouvriers à l'aide d'une draisine, il suffit d'une couple d'heures pour rétablir l'intégrité soit du fil métallique, soit de l'enduit isolant, sur un trajet d'une vingtaine de kilomètres.

Frais des fils souterrains. — Le prix du fil enduit de gutta-percha, tel qu'il est employé sur les lignes du gouvernement prussien, est, à Berlin, d'à peu près 400 francs par kilomètre, le kilomètre pesant 60 kilogrammes. Pour les lignes des chemins de fer, on se contente d'un fil qui ne pèse que la moitié, et dont le kilomètre en conséquence ne revient qu'à un peu plus de 200 francs. L'établissement du fil revient, dans l'Allemagne septentrionale, à 80-100 fr. par kilomètre, dépense qui toutefois se répartit également sur le nombre de fils que l'on couche à la fois.

Avantages des fils souterrains. — Les frais des fils souterrains en place excèdent donc, dans la plupart des cas, ceux des fils aériens. Outre cet inconvénient, on peut leur en reprocher encore un autre, savoir, que, pour établir des fils additionnels sur une ligne télégraphique déjà existante, il faut ouvrir une nouvelle tranchée dans toute l'étendue de la ligne, tandis que, dans le système des fils aériens, les mêmes poteaux peuvent servir pour augmenter à volonté, jusqu'à une certaine limite, le nombre des fils suspendus.

Malgré cela, comme on va le voir, l'avantage, même sous le rapport des frais, est incontestablement du côté du système souterrain.

Effectivement, les conduits aériens sont sujets à deux causes de détérioration qui en nécessitent le renouvellement à des époques plus ou moins rapprochées. L'une de ces causes réside dans la pourriture des poteaux, continuellement exposés à toutes les intempéries de la saison ; l'autre, dans une modification moléculaire qui s'opère dans les fils, soit par la transmission incessante des courants électriques, soit par la tension à laquelle ils sont soumis et les vibrations qui en résultent à chaque courant d'air. Par suite de cette modification, les fils, après un certain temps, deviennent cassants au point de se rompre, surtout par un froid rigoureux, par l'effet d'un simple coup de vent. Cet accident se reproduisant presque journellement sur les divers points de lignes étendues, il devient indispensable de renouveler les fils.

Les fils souterrains, au contraire, depuis trois ans qu'ils sont en terre, n'ont encore éprouvé la moindre altération appréciable de leur surface. On en peut conclure qu'il s'écoulera un temps presque indéfini jusqu'à ce que l'altération dont ils pourraient être menacés atteigne le fil métallique. Ils ne sont pas sujets à se rompre, même quand ils seraient devenus cassants par l'effet de la transmission des courants, puisqu'ils ne sont soumis à aucune espèce d'effort mécanique. La durée de service des fils souterrains étant ainsi assurée, tandis que celle des fils aériens est restreinte à des limites assez étroites, il est évident qu'en dernière analyse les premiers coûtent moins cher que les seconds.

Pour ce qui concerne la sûreté du service, il va sans dire d'abord que les mêmes détériorations, qui après un certain temps exigent impérieusement le renouvellement des fils aériens, commencent par porter atteinte à la régularité des communications, et que, sous ce rapport déjà, les fils souterrains offrent des garanties bien supérieures. Tandis que les fils aériens sont exposés à toute sorte d'accidents, ainsi qu'aux attaques de la malveillance, les fils souterrains, presque entièrement à l'abri des premiers, échappent encore facilement aux dernières, lors même que leur parcours sur le plateau du chemin de fer ou de la grande route serait connu des agresseurs. Il y a plus, si l'isolement des fils souterrains n'est peut-être jamais aussi parfait que celui des fils aériens suspendus à l'aide de cloches dans des conditions atmosphériques favorables, cet isolement est, en revanche, complétement exempt des vicissitudes auxquelles l'isolement des fils aériens est si fort sujet. Or, comme on l'a dit à l'entrée de ce chapitre, c'est précisément là le point essentiel. Aussi n'est-il pas beaucoup plus rare de voir les télégraphes électriques à fils aériens mis hors de service par l'effet d'une abondante pluie d'été, ou d'une copieuse chute de neige, que cela n'était le cas autrefois pour les télégraphes optiques. Les fils souterrains, au contraire, n'offrent pas même de traces de pareilles influences, et fonctionnent par tous les temps, hiver et été, avec cette régularité qu'on avait d'abord eu l'espoir d'obtenir des télégraphes électriques, espoir auquel le système des fils aériens a si peu répondu. Enfin, et comme on pouvait s'y attendre, la marche des télégraphes souterrains n'est que très-rarement entravée par les influences de l'électricité atmosphérique, troisième grande classe de perturbations, qui, ainsi qu'on l'a vu plus haut, vient mettre le comble aux embarras qui compromettent la sûreté du service des télégraphes à fils aériens. Ni les courants d'électricité atmosphérique par un ciel serein, ni les courants induits par le mouvement des nuages électriques, ni enfin les décharges brusques et délétères en temps orageux, n'ont de prise sur les fils souterrains, à raison de la couche conductrice de sol humide qui les recouvre. Il ne reste pour les fils souterrains, en fait de perturbations de ce genre, que des courants provenant du choc en retour, qui se manifestent parfois dans le circuit en temps d'orage au moment d'une forte décharge.

Phénomènes remarquables qu'offrent les conduits souterrains. — Voici un phénomène bien remarquable qu'on a constamment l'occasion d'observer sur de longues lignes télégraphiques bien isolées. Supposons que l'extrémité B du fil soit isolée, et qu'on fasse communiquer l'autre A à une pile dont l'autre pôle est réuni au sol. A l'instant où l'on établit la communication, on observe, dans les parties du fil qui ne sont pas trop éloignées de la pile, un courant de courte durée dans la direction du courant instantané qui s'établirait si l'on fermait le circuit en réunissant l'extrémité B au sol ; sur les lignes d'isolement parfait, il ne reste aucune trace de ce courant. Remplaçant tout à coup, à l'aide d'une bascule, la pile par un conducteur inerte, on obtient un second courant instantané d'intensité à peu près égale à celle du premier, mais cette fois en sens inverse. Rompant ensuite à l'extrémité A toute communication avec la pile et le sol, de manière à tenir cette extrémité isolée, et réunissant au même instant au sol l'extrémité B, on observe encore un courant instantané d'intensité à peu près égale, et cette fois de nouveau dans le sens du premier, c'est-à-dire du courant continu de la pile à circuit fermé. Cette dernière expérience ne peut se faire, bien entendu, que lorsque l'on dispose d'une ligne à double fil conducteur souterrain ; alors les extrémités A et B du fil sont supposées se trouver à la même station, les extrémités correspondantes du double fil, à la station opposée, étant réunies bout à bout et isolées du sol de manière à ne former qu'un circuit unique.

On pourrait, au premier coup d'œil, et en n'ayant égard qu'à la direction des courants, être tenté d'admettre que ces phénomènes sont dus à des polarités secondaires développées sur le fil. Mais bien des faits viennent combattre cette opinion. 1°. Les phénomènes sont d'autant plus prononcés que le fil est mieux isolé. 2°. Les courants sont de beaucoup plus courte durée que ceux dus aux polarités secondaires. 3°. L'intensité des courants est proportionnelle à la force de la pile, et indépendante de l'intensité du courant dérivé, s'il en existe par suite d'imperfections de l'isolement ; il s'ensuit que l'intensité des courants instantanés peut dépasser de beaucoup le maximum auquel, dans le même circuit, l'intensité du courant dû aux polarités secondaires est assujettie. 4°. Enfin, l'intensité des courants instantanés est proportionnelle à la longueur du fil, tandis qu'une relation inverse devrait avoir lieu, si ces

courants provenaient de la décharge de polarités secondaires.

Ainsi donc, il n'y a pas à songer à ces polarités pour
l'explication du phénomène. Mais pour le comprendre très-
facilement, il n'y a qu'à se rappeler la belle expérience
par laquelle Volta fournit la preuve la plus éclatante de l'i-
dentité du galvanisme et de l'électricité. Le physicien de
Côme montra qu'en faisant communiquer au sol l'une des
extrémités d'une de ses piles, et l'autre à l'armature interne d'une batterie de Leyde non isolée, l'on obtient, dans
un espace de temps presque insensible, une charge de la
batterie proportionnelle à la force de la pile. En même
temps, on observe dans le conducteur, entre la pile et l'armature interne, un courant instantané qui, d'après Ritter,
offre toutes les propriétés d'un courant ordinaire.

Or il est évident que le fil souterrain, avec son enduit
isolant, peut être exactement assimilé à une immense batterie de Leyde. Le cristal des jarres, c'est l'enduit de gutta-
percha; l'armature interne, c'est la surface du fil de cuivre
rouge; l'armature externe enfin, c'est le sol humide qui
fonctionne, en ce cas, comme la main dans la première
expérience du chanoine de Dantzig. Pour se faire une idée
de la capacité de cette nouvelle espèce de batterie, il n'y a
qu'à réfléchir que la surface du fil équivaut à environ
7 mètres carrés par kilomètre.

Faisant communiquer le fil par l'une de ses extrémités
à une pile dont l'autre extrémité communique au sol, tout
en maintenant isolée l'autre extrémité du fil, il faut que
le fil prenne une charge de même signe et de même tension que le pôle de la pile qu'on lui fait toucher. C'est là
ce qui se passe dans le premier des courants instantanés
dont je viens de dénoter la présence. Dans l'expérience de
Volta, en rompant la communication entre la pile et la
batterie, et en établissant un arc conducteur entre les deux
armatures, on obtient la décharge comme à l'ordinaire.

C'est à cette décharge que correspondent, comme il est aisé de le voir, les deux courants instantanés que l'on observe en sens inverse l'un de l'autre aux deux extrémités du fil, en faisant communiquer ces extrémités au sol, à l'exclusion de la pile. On comprend d'ailleurs que le premier courant instantané, celui dans lequel s'opère la charge du fil, doit se produire également, quoiqu'à une moindre intensité, lors même que l'autre extrémité du fil communique au sol. Le courant instantané alors précède le courant continu, ou, si l'on aime mieux, s'ajoute à lui dans les premiers moments. Au reste, ce courant instantané a une intensité beaucoup plus grande que le courant continu, sans doute parce que, dans l'acte de la charge du fil, l'électricité, pour se rendre aux différents points du fil, parcourt des chemins d'autant plus courts que ces points sont plus rapprochés de la pile.

Quoi qu'il en soit, ces phénomènes, que je signale à l'attention des physiciens, impliquent, dans la construction d'appareils destinés à desservir les lignes télégraphiques souterraines, certaines dispositions dont il sera question plus tard.

Une autre singularité qu'offrent les fils souterrains, c'est que quand il y a un circuit dérivateur par suite de l'isolement défectueux du fil, le courant dérivé qui existe dans ce circuit paraît constamment d'une intensité plus grande quand le fil prend à la pile l'électricité positive qu'en établissant la communication en sens contraire. Malheureusement, l'étude de ce phénomène laisse encore beaucoup à désirer, par la raison qu'il ne se produit d'une manière tranchée que sur les lignes d'un isolement très-défectueux.

Je m'exprimerai avec plus de réserve sur un troisième phénomène que je crois avoir constaté sur les lignes souterraines, c'est la production de courants d'intensité et de direction variables par l'effet des variations des éléments du magnétisme terrestre qui accompagnent les aurores bo-

réales. J'ai observé le fait le plus saillant de ce genre, le
18 octobre 1848, sur la ligne de Berlin à Coethen, de
20 milles d'Allemagne (environ 150 kilomètres) de longueur, dirigée à peu près de l'E.-N.-E. à l'O.-S.-O., par
conséquent presque normale au méridien magnétique. A
la nuit tombante, une magnifique aurore boréale se dé-
clara à l'horizon, et dans le cours de la même soirée, comme
je l'appris plus tard par les journaux, tous les télégraphes
électriques de l'Angleterre refusèrent le service. Au reste,
les fils aériens semblent devoir être également soumis à la
même influence; seulement, au milieu des nombreuses
perturbations dont ces fils sont le siége, les courants d'induction magnéto-tellurique ne pourront pas être aussi
facilement distingués.

CHAPITRE II. — *Des appareils télégraphiques.*

Division des télégraphes électriques en deux classes.—
Les télégraphes actuellement en usage peuvent être répartis
en deux classes, savoir : 1° en télégraphes que je nommerai
à signaux combinés, et 2° en télégraphes alphabétiques ou
à cadran. Dans les télégraphes de la première espèce, chaque
signal, équivalant par exemple à une lettre de l'alphabet,
résulte de la combinaison d'un certain nombre de signaux
élémentaires simultanés ou successifs. Dans les télégraphes
de la seconde espèce, une aiguille qui parcourt un cadran
par une succession de mouvements élémentaires de même
nature est susceptible de s'arrêter en un point voulu du
cadran, et d'établir ainsi la correspondance.

*Comparaison des deux classes de télégraphes élec-
triques.* — Si l'on fait la comparaison de ces deux grandes
classes d'appareils télégraphiques, on arrive bientôt à voir
que, sous le rapport si essentiel de la sûreté du service,
les télégraphes à cadran l'emportent d'une manière notable
sur ceux à signaux combinés. En effet, tandis que ces der-

niers exigent de la part des employés une dextérité particulière, souvent très-considérable et très-difficile à acquérir, les télégraphes à cadran sont d'un usage facile, et pour
ainsi dire à la portée de tout le monde. Les signaux des télégraphes à cadran se réduisent toujours à la coïncidence
d'une aiguille avec l'un des signes inscrits autour du cadran; il ne faut, pour les saisir, qu'un seul acte d'attention
de la part de l'employé qui reçoit la dépêche. Au contraire,
les signaux combinés exigent autant de pareils actes qu'il y
entre de signaux élémentaires. Cette espèce de signaux
doit donc nécessairement fatiguer beaucoup plus l'attention des stationnaires, et les chances d'erreur se trouvent
pour elle multipliées par le nombre moyen des signaux
élémentaires qui entrent dans la composition d'un signal
combiné. Il y a plus: à l'instant où, par une cause quelconque, les aiguilles des télégraphes à cadran se sont détachées, l'employé est mis au fait de l'accident soit par
l'incohérence de la dépêche, soit, si elle est en chiffres, par
le désaccord entre les signaux de rapport. Dans les télégraphes à signaux combinés, chaque signal étant indépen-
dant de ceux qui ont précédé, l'employé en recueillant la
dépêche n'est averti par rien de ce qu'elle est fautive, ce
qui peut donner lieu aux plus graves inconvénients. Et bien
entendu, l'impression des dépêches, ou leur fixation immé-
diate par tout autre procédé, ne saurait remédier à ce vice,
puisque ce mode de transmission est bien capable d'éliminer les fautes de lecture, mais non celles provenant de
désordres des appareils.

Ainsi donc, la supériorité des télégraphes à cadran sur
ceux de l'autre espèce, sous le rapport de la sûreté, se trouve
en principe bien établie. Si, malgré cela, les télégraphes à
signaux combinés sont aujourd'hui de beaucoup les plus
répandus, il en faut chercher la raison dans plusieurs circonstances. D'abord le mécanisme des télégraphes à cadran
est en général plus compliqué, et, par suite, le prix en est

plus élevé. Ensuite ces télégraphes ne paraissaient pas, jusqu'à présent, susceptibles de fonctionner avec la même vitesse que les télégraphes à signaux combinés, parce qu'il y a toujours entre chaque lettre et la suivante, le temps de perdu que l'aiguille met à parcourir la partie de la circonférence du cadran comprise entre les deux lettres. Enfin, dans les essais qu'on avait faits jusqu'ici, la marche des télégraphes à cadran s'était toujours montrée excessivement sujette à toutes sortes de désordres, surtout par des variations dans l'intensité des courants, comme elles ont lieu si fréquemment dans les circuits à fils aériens.

Dans la construction du télégraphe à cadran dont on va lire une description sommaire, je crois avoir été assez heureux pour conserver tous les avantages de cette espèce d'appareils, tout en trouvant les moyens d'en éviter, du moins en grande partie, les inconvénients.

Description d'un nouveau télégraphe à cadran. — Qu'on s'imagine une pièce de fer doux pivotant autour d'un axe qui passe par son centre de gravité, et servant d'armature à un aimant temporaire, dont toutefois un ressort tend constamment à la tenir éloignée. Quand on ferme le circuit d'une pile et de l'aimant, l'armature est attirée. Mais les choses sont disposées de manière que, par ce mouvement même de l'armature, le circuit se rouvre. Aussitôt le ressort reprend le dessus et rappelle l'armature; mais par ce mouvement même de l'armature, opéré en sens inverse du premier, le circuit est fermé de nouveau. On comprend que le même jeu doit se reproduire indéfiniment, et de là des oscillations de l'armature, qui peuvent acquérir une très-grande vitesse, proportionnelle toujours à l'intensité du courant qui anime l'aimant temporaire. Ces oscillations de l'armature sont le principe moteur de mon télégraphe.

En effet, l'armature porte un levier à l'extrémité duquel se trouve un encliquetage s'engageant dans les dents d'une roue à rochet. Chaque rappel de l'armature fait faire un pas à la roue, qui tourne ainsi dans une direction déterminée avec une vitesse proportionnelle à l'intensité du courant. L'axe de la roue porte une aiguille qui parcourt incessamment le cadran à signaux. Autour du cadran sont inscrites les lettres de l'alphabet, ou tels signes qu'on voudra, en nombre égal à celui des dents de la roue à rochet. A chaque oscillation de l'armature répond donc un signe parcouru par l'aiguille du cadran.

Inutile de dire, au reste, que le levier d'encliquetage sert aussi à fermer et à rouvrir le circuit. A cet effet, ce levier oscille entre les deux bras d'une espèce de fourche susceptible d'un petit mouvement latéral de va-et-vient dans le plan qui passe par les deux bras de la fourche. Ce petit mouvement latéral, dans l'un des sens, a pour résultat de fermer le circuit, en établissant le contact entre le bras correspondant de la fourche et une pièce d'arrêt conductrice. Le mouvement latéral de la fourche dans l'autre sens, au contraire, a pour résultat d'ouvrir le circuit en mettant fin au contact qui vient d'être indiqué. Dans cette direction le mouvement de la fourche est limité par un butoir en pierre, et par conséquent isolant. Dans ses excursions de chaque côté, le levier vient alternativement appuyer sur l'un et l'autre bras de la fourche, et la déplacer tantôt dans un sens, tantôt dans l'autre. On comprend donc comment il fait pour fermer et rouvrir alternativement le circuit. Mais pour assurer la position de la fourche dans les deux temps, il y a encore une disposition particulière. L'espèce de levier qui, situé sous le levier d'encliquetage, porte la fourche, se prolonge, au delà, en un ressort dont l'extrémité est garnie d'une pierre taillée en forme de cône obtus. Le sommet de ce cône appuie sur une pierre taillée en forme de toit à angle très-ouvert. Chaque fois que le levier d'encliquetage fait changer de position à la fourche, le cône franchit l'arête du toit ; et l'action du ressort qui tend à faire glisser le sommet du cône sur le plan incliné du toit, presse le bras de la fourche contre le butoir correspondant, et empêche ainsi le circuit de se fermer ou de se rouvrir par l'effet de tremblotements de la fourche, avant que le levier, à la fin de l'excursion suivante, vienne lui-même remplir cet office en temps opportun.

A la station opposée de la ligne télégraphique se trouve un appareil tout semblable, et le même courant, provenant de deux piles disposées dans le même sens aux deux stations, anime les électro-aimants des deux appareils. L'interruption d'un circuit en un seul endroit suffisant pour enrayer le courant dans toute l'étendue du circuit, on comprend à l'instant que chaque fois que l'armature est rappelée dans l'appareil A, elle l'est également dans l'appareil B. Mais il n'est pas moins évident que l'armature A ne peut être attirée de nouveau par suite du rétablissement du contact en A avant que le ressort ait également rétabli le contact en B. Il s'ensuit que les oscillations des armatures en A et B devront être parfaitement synchrones. Donc aussi les mouvements des aiguilles sur les cadrans en A et B devront se correspondre exactement, et si, à l'origine, elles ont été disposées d'une manière homologue, elles devront à chaque instant de leur course spontanée, incessante et rapide, indiquer la même lettre du cadran.

Pour transmettre des signaux à l'aide de ces appareils, il n'y a donc plus qu'à trouver le moyen d'arrêter l'aiguille à une lettre donnée, la même sur les deux cadrans. Ce moyen est bien simple. Il suffit évidemment, pour cela, d'empêcher le circuit de se fermer de nouveau par l'action du ressort de l'appareil A, quand l'aiguille sera arrivée à la lettre donnée, puisqu'alors le circuit restant également ouvert pour l'appareil B, le courant ne pourra plus passer, et qu'aucune des deux armatures ne sera attirée jusqu'à ce qu'on ait permis au ressort de l'appareil A de fermer

(23)

le circuit. A cet effet, on a disposé autour du cadran,
qui d'ailleurs est horizontal, un clavier circulaire dont
les touches correspondent aux lettres du cadran. En pres-
sant une touche, on abaisse une cheville que vient rencontrer un bras fixé à l'axe de la roue à rochet parallèle-
ment à l'aiguille du cadran. La roue se trouve ainsi arrêtée
précisément au milieu du pas qu'elle allait accomplir par
l'action du ressort; par suite, le levier d'encliquetage reste
en suspens entre les bras de la fourche, et le circuit ne
peut pas se fermer de nouveau par l'action du ressort jusqu'à ce qu'on ait enlevé l'obstacle en ôtant le doigt de la
touche. A l'autre station, rien n'empêche pendant ce temps
la roue à rochet d'accomplir son pas en entier, et le ressort
de fermer le circuit; mais le circuit étant ouvert en A,
l'armature n'est point attirée de nouveau, et l'aiguille en B
s'arrêtera donc à la lettre voulue un instant après celle de
l'appareil A. Ainsi donc, on a à chaque station un cadran
sur lequel, lorsqu'on est en correspondance, circule incessamment une aiguille que chacun des stationnaires peut
arrêter à volonté à chaque compartiment du cadran;
presque au même instant, l'aiguille sur le cadran de l'autre
station s'arrête au même compartiment.

*Carillon d'alarme et méthode de se mettre en corres-
pondance.* — A chacun de mes télégraphes est adapté un
carillon d'alarme dont la construction et le jeu reviennent
presque exactement à ceux des appareils télégraphiques,
avec cette seule différence, que le levier que porte l'armature ne sert plus à faire mouvoir la roue à rochet, mais
que les oscillations de ce levier sont employées directement
à frapper de coups redoublés le timbre du réveil.

Dans les temps de repos, lorsqu'on ne veut pas correspondre, le circuit entre les deux stations A et B est formé
uniquement du fil conducteur, de la terre, et, à chaque
station, des bobines du carillon d'alarme dont le ressort de
rappel tient le circuit fermé. Quand le stationnaire A veut

parler au stationnaire B, il retire du circuit son carillon, et le remplace par une pile et par l'appareil télégraphique. Alors l'appareil télégraphique reste immobile, tandis que le carillon de la station B donne l'alarme.

D'après ce qu'on a vu plus haut touchant la solidarité nécessaire des mouvements des aiguilles de deux de mes appareils, c'est-à-dire des oscillations de leurs armatures, il doit paraître surprenant que deux appareils semblables, le télégraphe et le carillon, puissent se trouver dans le même circuit, l'un marchant, l'autre ne marchant pas. Pour comprendre ce phénomène, il faut se rappeler ce fait, c'est que le magnétisme temporaire du fer doux par l'action du courant, ne prend tout son développement qu'après un certain temps écoulé. Qu'on s'imagine maintenant que dans deux appareils installés dans le même circuit, le ressort de rappel de l'un A soit, hors de toute proportion, plus fort ou plus tendu que celui de l'appareil B. Alors, quand l'armature de B aura déjà été attirée, l'aimant de A n'aura encore acquis peut-être que la force nécessaire pour faire équilibre au ressort ; et le circuit s'étant ouvert en B par le mouvement de l'armature, il n'est pas non plus possible, en ce cas, que l'aimant de A acquière jamais cette force. L'armature de A restera donc forcément immobile, et le circuit constamment fermé de ce côté ; il s'ensuit que l'appareil B marchera seul. Une semblable discordance peut encore se produire par d'autres causes dont il sera question plus tard. Le moyen d'y remédier est aisé à deviner. Il suffit pour cela de donner aux ressorts des deux appareils les tensions convenables, à l'aide d'une vis accessible du dehors. Mais, dans les carillons d'alarme, c'est le contraire qu'on a fait ; on a profité de la possibilité d'un pareil désaccord pour pouvoir placer, dans le même circuit, le télégraphe de la station A, qui veut se mettre en correspondance, et le carillon de la station B, dont le gardien doit être averti. A cet effet, le ressort des carillons d'alarme a été fait plus faible que celui des télégraphes, au point que les appareils étant installés à la fois dans le circuit, les premiers marchent déjà rapidement par l'action de la pile de l'autre station, tandis que les derniers, dans ces circonstances, restent encore immobiles.

L'utilité de cet arrangement est facile à saisir. En effet, pour achever d'établir la correspondance, le stationnaire B, averti par le réveil, retire du circuit son carillon d'alarme, et l'y remplace par le télégraphe et la pile ; aussitôt les télégraphes marchent ensemble. Cela ne pourrait pas avoir lieu, si le stationnaire A, en donnant l'éveil, n'avait pas d'abord introduit son télégraphe dans le circuit, et il n'aurait pas pu le faire, sans que, par suite, les aiguilles des deux télégraphes se fussent trouvées détachées l'une de l'autre, si son télégraphe n'était pas resté immobile pendant que le carillon de l'autre station marchait.

Il va sans dire que toutes ces opérations, qui, à la première vue, pourraient paraître compliquées, se font simplement en donnant différentes positions au levier d'un commutateur. Avant d'entrer en besogne, les stationnaires s'assurent réciproquement de la marche correspondante de leurs aiguilles par un signal convenu, qui consiste à marquer les blancs du cadran. Si les aiguilles s'étaient détachées, on les règle à l'aide d'une disposition qui permet de mouvoir l'aiguille sur son cadran en faisant osciller l'armature à circuit ouvert, par les pressions successives qu'on exerce sur un bouton.

Intensité des courants employés à faire marcher le nouveau télégraphe à cadran. — Comme marche normale de mes télégraphes à cadran, je considère celle où l'aiguille parcourt par seconde la demi-circonférence, soit quinze signaux télégraphiques. Pour obtenir cette vitesse, à l'exclusion de résistances étrangères aux appareils, je fais usage d'une pile de 5 couples de Daniell pour chaque appareil. Mais le nombre de couples nécessaire est loin de s'accroître en proportion de la longueur du circuit télégraphique qui vient séparer les appareils. Ainsi, avec les fils souterrains, les nouveaux télégraphes marchent très-bien à une distance de 50 milles d'Allemagne (environ 400 kilomètres), quand ils sont animés de chaque côté par une pile de 25 couples de Daniell. D'ailleurs, on ne fera usage de cette disposition que sur des lignes dénuées de stations intermédiaires. Là où de pareilles stations existent, il sera bien plus avantageux, quand il s'agira de correspondre entre les stations extrêmes, de faire simplement entrer dans le circuit les piles des stations intermédiaires, à l'exclusion des télégraphes qui s'y trouvent, que d'accumuler indéfiniment les couples aux stations extrêmes.

Appareil additionnel ou transmetteur servant à faire fonctionner le télégraphe à de grandes distances.— De quelque manière qu'on s'y prenne, il faudra toujours, pour faire fonctionner convenablement les télégraphes à de très-grandes distances, augmenter le nombre des couples dans une proportion qui finit par entraîner de graves inconvénients. C'est pour parer à ces inconvénients, que je munis en ce cas mes télégraphes d'un appareil additionnel qui permet de n'employer, même aux plus grandes distances, que des piles d'un nombre de couples fort limité. Cet appareil offre en principe la disposition suivante.

Quand on ferme le circuit des piles des deux stations, le courant n'entre pas d'abord dans les bobines des aimants des deux télégraphes, quoiqu'il soit bien assujetti à franchir les lieux de contact dans ces deux appareils, dont les ressorts de rappel garantissent, en temps de repos, la perméabilité électrique. Au lieu de ces bobines, le courant traverse celle des aimants temporaires des transmetteurs, vis-à-vis des pôles desquels pivotent des armatures toutes semblables à celles déjà décrites du télégraphe et du carillon. Ces armatures sont disposées de manière à ce qu'aussitôt qu'elles sont attirées, elles ferment une interruption

qui existait jusqu'alors entre une pièce d'arrêt conductrice
et un levier fixé aux armatures. Cette interruption reste
fermée tout le temps que passe le courant. Quand le courant cesse, les armatures sont rappelées par des ressorts
qui, à l'inverse des ressorts des télégraphes et des carillons,
tendent donc constamment à rompre le contact au lieu de
le maintenir. D'ailleurs, ces établissements et ces ruptures
de contact étant le seul travail dont les armatures des transmetteurs soient chargées, on a pu réduire extrêmement
leur course, et donner à leurs ressorts une tension incom-
parablement plus petite même que celle des ressorts des
carillons. Donc aussi le moindre filet de courant suffira
pour mettre en jeu ces appareils.

Maintenant, à l'instant où les armatures des aimants des
transmetteurs établissent les contacts indiqués, le courant
de la pile correspondante, qui jusqu'alors avait à parcourir
uniquement le circuit télégraphique, y compris les bobines
des transmetteurs et les lieux de contact des télégraphes, et
qui dans cette route se renforçait du courant de la pile de la
station opposée, trouve tout à coup à parcourir un circuit
dérivateur beaucoup plus court, et par conséquent beaucoup moins résistant. En effet, ce nouveau circuit, indépendamment des lieux de contact des transmetteurs, se compose, pour la pile de chaque station, uniquement des bobines
du télégraphe correspondant. Il existe donc, pendant tout
le temps que les armatures des transmetteurs sont attirées,
ou bien, ce qui revient au même, que les lieux de contact
des télégraphes sont perméables, pour chaque pile deux
circuits d'inégale résistance. L'un de ces circuits est formé,
comme on vient de le voir, par les bobines du télégraphe ;
l'autre, c'est le circuit télégraphique lui-même qui, à
l'autre station, se continue d'abord dans les bobines du
transmetteur, et puis se ramifie en deux embranchements,
la pile d'une part, les bobines du télégraphe de l'autre. Il
est facile de comprendre que les intensités des courants,

dans les différents circuits qu'on leur ouvre, étant en raison inverse des résistances de ces circuits, les bobines des télégraphes se trouveront ainsi traversées par des courants bien plus intenses que si on leur avait fait faire partie simplement du circuit télégraphique avec les deux piles. Voilà donc les télégraphes qui entrent simultanément en action par l'effet du filet de courant qui seul franchit tout le circuit télégraphique. Examinons ce qui va se passer ultérieurement.

Les armatures des télégraphes sont attirées, et pendant le temps de leur course rien n'est encore changé. Mais sitôt qu'arrivées au terme de cette course, les armatures interrompent le contact dans les télégraphes, le courant qui animait les aimants des transmetteurs cesse, l'armature de ces aimants est rappelée, et par suite le courant dérivé immédiatement de la pile qui animait les aimants du télégraphe cesse aussi. Les armatures des télégraphes retombent à l'appel de leurs ressorts, et font faire aux deux aiguilles un pas correspondant. D'ailleurs, ces armatures, au terme de leur chute, venant de nouveau fermer le circuit télégraphique pour les bobines du transmetteur, le même jeu se renouvelle indéfiniment, comme dans le cas des télégraphes marchant sans transmetteurs.

Il va sans dire que le courant qui anime les aimants des transmetteurs éprouve une diminution sensible de son intensité, aussitôt que ces aimants, par l'attraction de leurs armatures, ont fermé le circuit dérivateur de moindre résistance. Or il peut se faire que le courant qui reste ne soit plus capable alors de vaincre les ressorts de rappel des transmetteurs, en sorte que les aimants des télégraphes ne trouvent jamais le temps nécessaire pour faire décrire à leurs armatures une course complète. Les aiguilles des télégraphes restent donc stationnaires, et le circuit télégraphique fermé, tandis que les armatures des transmetteurs oscillent rapidement sous la seule influence des variations dans l'intensité du courant qui parcourt leurs bobines ; variations que ces armatures produisent elles-mêmes en fermant et rouvrant alternativement le circuit dérivateur. On peut remédier à ce défaut, soit en détendant le ressort des transmetteurs, soit en introduisant dans le circuit télégraphique une pile auxiliaire d'une force appropriée, qui reste en dehors du circuit dérivateur, quand celui-ci est établi à travers les bobines des télégraphes.

En remplaçant à l'une des stations le télégraphe par le carillon, le premier reste immobile, pendant que le second marche ; en sorte que la manœuvre pour donner l'éveil est encore tout à fait la même avec les transmetteurs que sans ces appareils.

Les transmetteurs ralentissant toujours un peu la marche des télégraphes, on fera bien de n'y avoir recours que sur des lignes d'une grande étendue, sans stations intermédiaires. Pour bien faire marcher les télégraphes avec les transmetteurs, à l'exclusion de résistances étrangères aux appareils, il faut 3 couples de Daniell de chaque côté. A une distance de 400 kilomètres entre les deux stations, chaque pile devra être de 6 éléments.

Appareil à impression. — A chacun de mes télégraphes peut être adapté un appareil à impression, qui imprime en caractères ordinaires les lettres dont on abaisse les touches correspondantes. Voici quelle est en principe la construction de cet appareil.

Il y a d'abord un aimant temporaire, une armature avec son ressort, un levier d'encliquetage, une roue à rochet, tout semblables à ce qu'on a vu dans les télégraphes. Quand on fait entrer les bobines de l'aimant dans le circuit télégraphique, soit directement, soit par un mode de transmission analogue à celui qui vient d'être décrit, il s'entend que la roue marchera du même pas que celle des télégraphes. A la place de l'aiguille, l'axe de la roue porte cette fois-ci la roue-type de M. Wheatstone, divisée en autant de secteurs faisant ressort qu'il y a de signaux au cadran, chaque secteur portant un poinçon. Dans le mouvement de la roue, la lettre correspondante à celle qu'indique à chaque instant l'aiguille du cadran se trouve précisément au-dessus d'un marteau. Au-dessus de la roue est disposé un rouleau noirci, entre lequel et le poinçon passe la bande de papier à imprimer. Le rouleau est composé d'une multitude de disques de papier enfilés à son axe, semblables à ceux dont se compose une pile sèche de Zamboni. Cet assemblage de disques a été comprimé à la presse hydraulique, et la tranche travaillée au tour.

Il ne s'agit donc plus, à présent, pour imprimer, que de faire en sorte que chaque fois que l'on abaisse une touche du clavier d'un des télégraphes, le marteau frappe son coup de bas en haut. Or il y a dans l'appareil un second aimant temporaire d'une grande puissance, que nous appellerons l'*aimant à impression*, et dont les bobines sont en relation avec une pile auxiliaire ou locale.

Le levier d'encliquetage oscille comme dans le télégraphe, au-dessus d'un levier muni d'une pièce analogue à celle que, dans le télégraphe, nous avons nommée *fourche*. Mais cette pièce se distingue de la fourche en question, en ce qu'elle n'a plus qu'un seul bras. Elle est encore susceptible, comme dans le télégraphe, d'un petit mouvement latéral. Dans l'une des positions qui en résultent, le bras seul existant de la fourche appuie contre une pièce d'arrêt conductrice. Dans l'autre sens le mouvement du levier portant la fourche est limité par un butoir en pierre. Au reste, les deux positions du levier sont, comme dans le télégraphe, assurées par un cône en pierre frottant à ressort sur un toit en pierre à angle très-ouvert. A l'endroit du levier d'encliquetage qui répond à la fourche, ce levier porte de chaque côté un bouton, l'un isolant, l'autre conducteur. Dans les temps de repos de l'appareil, le bouton conducteur, par l'effet du ressort de rappel de l'aimant

temporaire, appuie contre une pièce d'arrêt conductrice ;
quand l'armature est attirée, au contraire, le levier va
frapper de son bouton isolant le bras de la fourche, et lui
inflige la position dans laquelle ce bras est au contact de
la pièce d'arrêt conductrice.

Tout ce système, bien entendu, n'est plus engagé dans
le circuit de l'aimant temporaire qui meut le levier d'encliquetage, et dont les alternatives d'aimantation proviennent
du jeu des télégraphes ; mais c'est le circuit de l'aimant à
impression qu'il s'agit, à l'aide du système en question, de
fermer et de rouvrir en temps opportun. Il existe donc,
pour ce dernier circuit, deux lieux de contact où il est sujet
à être interrompu. Supposons, en effet, le bras de la fourche
dans la position où nous l'avions laissé, c'est-à-dire appuyé
contre la pièce d'arrêt conductrice et le bouton conducteur
du levier, par l'action du ressort également au contact de la
pièce d'arrêt correspondante. Alors le courant de la pile
auxiliaire chemine ainsi qu'il suit. Au sortir des bobines,
le courant entre dans le levier qui porte la fourche, passe
à l'endroit d'interruption de la fourche dans la pièce d'arrêt
conductrice ; de là, il gagne le levier d'encliquetage, franchit le second endroit d'interruption, et s'en retourne ainsi
à la pile et aux bobines.

Pour peu que le levier d'encliquetage s'écarte de la pièce
d'arrêt correspondante par l'action de l'aimant temporaire
engagé dans le circuit télégraphique, le circuit de l'aimant
d'impression sera donc ouvert, et, pour peu que le bras de la
fourche s'écarte de son côté de la pièce d'arrêt correspondante, le circuit sera également ouvert. A l'origine et quand
l'impression doit commencer, la fourche se trouve dans
cette dernière position, le levier d'encliquetage, au contraire, touche sa pièce d'arrêt conductrice ; le circuit de
l'aimant à impression est donc ouvert. Le courant télégraphique arrive ; aussitôt le levier, par l'attraction de l'armature qui le porte, va chasser le bras de la fourche contre la

pièce d'arrêt, et mettre fin ainsi à l'une des interruptions du circuit d'impression. Le télégraphe, rouvrant le circuit de l'aimant, permet au levier d'obéir à l'action du ressort, le levier retombe contre l'arrêt conducteur, et, cette fois enfin, le circuit de l'aimant à impression est bien fermé. Mais il y a une autre circonstance qui vient encore l'empêcher d'agir. En effet, cette clôture n'est qu'instantanée, parce que, à peine l'armature rappelée, elle est attirée de nouveau par l'effet de la clôture du circuit télégraphique. Or, pour faire entrer en action l'aimant à impression qui n'est pas, comme les autres électro-aimants de mes appareils, composé de tubes concentriques et fendus dans leur longueur, il ne suffit pas d'un courant instantané. Son magnétisme, en ce cas, n'atteint pas la hauteur convenable. Mais qu'on vienne à presser l'une des touches du clavier de l'un des télégraphes, de manière à tenir tant soit peu plus longtemps ouvert le circuit télégraphique que cela n'a lieu dans la marche ordinaire de l'appareil; alors le levier d'encliquetage se reposant un moment contre sa pièce d'arrêt conductrice, le circuit de l'aimant à impression reste assez longtemps fermé, le magnétisme a le temps de se développer, et l'armature est attirée. Voici maintenant les diverses fonctions que, dans son mouvement, cette armature est appelée à remplir.

1°. Le marteau en suspens au-dessous de la lettre à imprimer est, comme on l'a sans doute deviné, fixé au bout d'un levier que porte l'armature de l'aimant à impression. Par l'attraction de cette armature, le marteau frappe donc son coup, et la lettre correspondante à celle qu'indique l'aiguille du télégraphe se trouve empreinte sur le papier.

2°. Conformément à la distribution des signaux autour du cadran des télégraphes, deux secteurs diamétralement opposés de la roue-type sont restés vides. Quand donc le marteau vient à frapper l'un de ces vides, l'armature peut décrire un angle un peu plus grand que dans le cas des pleins, ou le poinçon vient aussitôt rencontrer le rouleau à imprimer. Or cela a pour effet qu'un autre levier fixé à l'autre extrémité de l'armature peut, dans le cas des vides, atteindre un timbre d'horloge et le faire résonner. Comme, entre les mots de la dépêche, il est utile de laisser des blancs, on est, à chaque mot, en touchant les blancs du cadran, averti par le son du timbre qu'il y a accord entre les positions de l'aiguille sur le cadran et de la roue-type au-dessus du marteau. Si, par suite d'un accident quelconque, cet accord n'existait plus, il est toujours facile de le rétablir à l'aide d'une disposition qui permet de mouvoir la roue en faisant osciller l'armature à circuit ouvert par les pressions successives qu'on exerce sur un bouton.

3°. Si le circuit de l'aimant à impression restait fermé plus longtemps que cela n'est absolument nécessaire pour que l'armature puisse faire frapper leur coup aux marteaux, il en résulterait plusieurs inconvénients graves. La pression du marteau contre le rouleau serait d'abord continue. Le magnétisme acquerrait dans le fer doux un développement tel, que l'aimant ne lâcherait point l'armature assez vite après la rupture du circuit. Par suite, le marteau pourrait accrocher la roue, et si cet accident n'arrivait pas, l'armature n'aurait certes pas le temps de retomber sous l'action de son ressort dans sa position primitive. Or on va voir que c'est dans sa chute que l'armature fait avancer du pas nécessaire le rouleau à imprimer, et d'ailleurs si le prochain coup de marteau ne partait que d'un point de la course de l'armature plus ou moins éloigné de l'aimant, il n'y aurait pas assez de forces vives accumulées, et l'on ne pourrait pas imprimer deux lettres avoisinantes du cadran. Enfin, comme, immédiatement après la rupture du circuit, il est sujet à être fermé de nouveau à de courts intervalles quoique pour de petits espaces de temps seulement, il pourrait même se faire que l'armature ne se détachât plus du tout de ses pièces d'arrêt.

Pour parer à ces inconvénients, il est donc de la plus

S.   3

haute importance que le circuit à impression soit ouvert l'instant après que la lettre a été imprimée. Eh bien, c'est à cela que sert l'appareil à double interruption qui a été décrit plus haut. En effet, à l'instant même où le coup de marteau est frappé, un troisième levier fixé à l'armature vient imprimer à la fourche le mouvement latéral convenable pour l'écarter de sa pièce d'arrêt conductrice, contre laquelle elle avait été chassée par la première excursion du levier d'encliquetage. Le circuit à impression est alors ouvert, l'armature de l'aimant à impression a tout le temps de retomber, et quand on abandonne le télégraphe à lui-même en ôtant le doigt de dessus la touche, la première excursion du levier d'encliquetage commence par rétablir le contact entre le bras de la fourche et la pièce d'arrêt conductrice.

4°. Enfin, ainsi qu'il vient d'être indiqué, l'armature de l'aimant à impression remplit encore un dernier office indispensable. Cet office consiste à faire tourner le rouleau à imprimer d'un angle correspondant, à sa circonférence, à la largeur d'une lettre de la roue-type. Cela arrive à l'aide d'un levier d'encliquetage et d'une roue à rochet convenablement disposés. Le rouleau, en tournant, entraîne la bande de papier qui circule entre sa surface noircie et la roue-type. Mais on conçoit que ce simple déplacement du rouleau ne suffit pas. En effet, il en résulterait que, dans chaque nouveau tour du rouleau qui répond à cent lettres y compris les blancs, les lettres viendraient s'imprimer exactement aux mêmes endroits, en sorte que non-seulement la couche de noir serait bientôt épuisée, mais qu'encore le rouleau s'userait de la manière la plus inégale possible. Pour que cela n'ait point lieu, il y a d'abord un arrangement tel que le rouleau soit déplacé d'une petite fraction de sa longueur à chaque pas de la roue à rochet; après cinq tours, il se trouve déplacé à peu près de la hauteur d'une lettre. Mais, de cette manière, on comprend que l'impression s'opérerait toujours sur des bandes de la surface du rouleau parallèles à son axe, en sorte qu'il resterait, entre ces bandes d'usage permanent, des bandes plus étroites à la vérité, qui ne seraient jamais usées. On a donc encore pris la précaution d'imprimer au rouleau un petit mouvement de rotation en avant, qui devient cause que les empreintes du marteau dans chaque nouveau tour du rouleau ne répondent plus exactement aux empreintes faites dans le tour précédent, mais empiètent continuellement sur elles comme les traits d'un vernier sur ceux de la division.

Artifice pour préserver de détérioration les endroits du circuit où éclate l'étincelle. — Tous les constructeurs d'appareils électromagnétiques ne savent que trop combien les lieux d'interruption du circuit où l'étincelle éclate sont sujets à se détériorer rapidement par l'action de courants tant soit peu intenses, lors même qu'on fait usage du platine. Pendant longtemps aussi cette circonstance a semblé apporter un obstacle insurmontable à la marche régulière et prolongée de mes appareils, jusqu'à ce que je trouvai qu'en remplaçant le platine par un alliage de ce métal et de l'or, on obtenait des revêtements des lieux d'interruption presque inaltérables par des courants de l'intensité de ceux que j'emploie. En effet, cet alliage possède une cohésion et une dureté bien plus grandes que celles du platine, et ne participe presque en rien à la propriété de ce métal d'être réduit en poudre et transporté au pôle négatif par l'action des courants.

Remarque générale sur le principe de construction des nouveaux télégraphes à cadran. — Après avoir donné la description des nouveaux mécanismes que j'ai inventés pour servir à la correspondance télégraphique, je vais entrer à présent dans quelques considérations propres à faire ressortir les principaux avantages que je crois leur appartenir.

La construction de ces appareils, comme on l'a vu, est d'une extrême simplicité. Il n'y entre aucun de ces mouvements d'horlogerie à poids ou a ressort qui compliquent si fort la plupart des autres télégraphes à cadran. Elle se rapproche par là, si l'on veut, de l'un des télégraphes à cadran de M. Wheatstone; mais, en principe, elle s'en distingue en un point capital.

Tout procédé de télégraphie électromagnétique se réduira toujours, en dernière analyse, à l'usage convenable qu'on fera, pour la transmission des signaux, d'une série d'aimantations et de désaimantations successives, effectuées à l'aide de l'établissement et de la rupture d'un circuit. Dans tous les autres télégraphes à cadran, y compris celui de M. Wheatstone, à action directe, et ceux construits sur le même type, cette opération essentielle d'ouvrir et de fermer le circuit est mise entre les mains de celui qui donne la dépêche; et d'ailleurs la rupture ne se fait qu'à une seule des stations, celle où la dépêche est donnée. Au contraire, chacun de mes appareils constitue en soi une machine électromagnétique à mouvement propre, en sorte que dans ces appareils c'est le courant qni rompt lui-même le circuit, et cela aux deux extrémités de la ligne à la fois. Cette circonstance, qui leur est tout à fait particulière, implique une foule de conséquences remarquables dont je vais signaler quelques-unes des plus essentielles. Effectivement, le principe de l'interruption spontanée du circuit paraît devoir acquérir, en télégraphie électrique, la même importance que, dans l'art de construire les machines à vapeur, l'invention de cet enfant à qui l'ennui vint inspirer l'heureuse idée de se décharger sur le moteur lui-même du soin fastidieux d'ouvrir et de fermer, en temps opportun, les conduits de la vapeur.

Avantages résidant dans le principe de construction des nouveaux télégraphes. — Si, d'après ce qui a été dit au commencement du premier chapitre, il faut regarder comme se rapprochant le plus de l'idéal de conduits télégraphiques ceux dans lesquels l'intensité des courants est soumise au moins de variations possible ; il faudra, de l'autre part, considérer comme les plus parfaits des appareils télégraphiques ceux dont la marche, sans secours étranger qui leur vienne en aide, est le moins affectée par les variations de l'intensité qui restent encore à surmonter. Or je crois ne pas trop hasarder en affirmant que, sous ce rapport, grâce au principe de l'interruption spontanée, il n'y a pas de télégraphes qui puissent être comparés aux miens.

Quand le soin de fermer et de rompre le circuit est abandonné à une action étrangère à l'appareil, il est à peu près impossible qu'elle dure chaque fois juste le temps nécessaire et suffisant pour que l'aimant attire l'armature. Ce temps nécessaire et suffisant est d'autant plus petit que l'intensité du courant est plus grande. On pourra, à la vérité, déterminer par expérience, pour une intensité donnée, la durée la plus convenable à accorder aux clôtures et aux interruptions du circuit. Mais dès que l'intensité du courant viendra à varier, surtout d'une grandeur inégale aux deux stations, comme cela a constamment lieu avec les fils aériens, on se trouvera de nouveau dans le vague : ou bien les clôtures ne dureront pas assez longtemps pour l'intensité présente du courant dans l'appareil récepteur, et alors l'aimant pourra ne pas attirer l'armature ; ou bien elles dureront trop, et alors l'armature pourra rester collée, par l'effet de l'aimantation temporaire. Dans les deux cas, l'appareil transmetteur devancera l'appareil récepteur, et la correspondance sera troublée. C'est surtout pour diminuer les chances en faveur du dernier cas qu'il a fallu, dans les appareils de cette nature, réduire à des proportions minimes les masses de fer doux, parce que, à égale intensité du courant, l'aimantation temporaire est d'autant plus considérable que l'aimant est plus volumineux.

Au contraire, quand c'est l'appareil lui-même qui rompt le circuit au terme de la course de l'armature, il ne peut jamais se faire d'abord que le circuit ne reste pas assez long-temps fermé, l'interruption ayant toujours lieu à point nommé; c'est-à-dire à l'instant précis où l'aimant a fourni le travail nécessaire pour faire avancer l'aiguille d'un pas. D'autre part, le circuit ne restera jamais fermé trop long-temps, car la quantité de magnétisme développée dans l'aimant sera toujours sensiblement la même au moment de la rupture du circuit, quelle que soit l'intensité du courant, parce que le mouvement de l'armature sera d'autant plus rapide, et que la rupture se fera toujours à l'instant où l'aimant aura acquis, dans un espace de temps plus ou moins court, selon l'intensité, une force réglée par la force constante du ressort, et, par suite, sensiblement constante elle-même. Quant au temps d'ouverture, à force égale du ressort, il sera toujours sensiblement le même; en sorte que, quand l'appareil marchera plus vite sous l'action d'un courant plus intense, le même degré d'aimantation temporaire aura toujours le même temps pour s'effacer, et que l'armature ne pourra jamais rester collée. On n'aura donc plus rien à craindre de l'aimantation temporaire, et, par conséquent, on pourra, sans inconvénient, augmenter la masse de fer doux; ce qui offre l'avantage de pouvoir exercer le même effet avec un courant plus faible. Il est évident, de plus, que les mêmes actions se produisant dans chacun des deux appareils installés dans le circuit, leur marche continuera à être synchrone par cette seule raison, quelle que soit l'intensité du courant.

Mais la sûreté, sous ce rapport, s'accroît encore considérablement, par le fait que l'interruption du circuit s'opère simultanément aux deux extrémités de la ligne. En effet, chacun des deux appareils tenant, pour ainsi dire, le courant sous clef pour l'autre jusqu'au moment convenable, l'intensité des courants pourra être différente dans les deux appareils, et néanmoins leurs armatures seront attirées au même moment. Les appareils marcheront donc ensemble jusqu'à une certaine limite qu'il est facile de prévoir. Cette limite sera atteinte, lorsque l'armature de l'appareil animé par le courant le plus intense, en arrivant au terme de sa course, rouvre le circuit trop tôt pour que l'armature de l'autre appareil puisse encore achever la sienne par l'effet tant des forces vives qu'elle a recueillies pendant la clôture du circuit, que par celui de l'aimantation temporaire des masses de fer doux. Quand cette limite sera dépassée, l'armature de celui des deux télégraphes pour lequel le courant est le plus faible, ne fera plus que de petites oscillations impuissantes, et son aiguille restera immobile. Mais on pourra facilement faire marcher ensemble les appareils même dans ces circonstances, en détendant le ressort de l'appareil qui refuse le service.

Par le même moyen, ou pourrait d'ailleurs compenser, si cela était nécessaire, un commencement de désaccord pareil qui se rencontre par suite d'une qualité très-différente du fer doux ou d'une disposition différente des aimants des deux appareils. Il faudra détendre, en ce cas, le ressort de l'appareil dont le fer aura plus de force coercitive, ou dont l'aimant présentera une masse continue, au lieu d'être composé de tubes concentriques et fendus dans leur longueur. J'ajouterai enfin que l'expérience a montré que la marche des télégraphes est la plus rapide lorsque l'intensité du courant et la force du ressort sont réglées de manière que les temps d'attraction et de rappel de l'armature sont égaux.

En résumé, on voit que, dans les télégraphes à double interruption spontanée, la vitesse de marche des appareils s'adaptant toujours tout naturellement à l'intensité des courants, cette vitesse sert de régulateur, qui pare aux désordres qui pourraient résulter des variations de l'intensité. On est maintenant mis à même de comprendre une propriété bien curieuse qu'offrent ces télégraphes, propriété qui, au premier aspect, doit même paraître paradoxale.

Admettons, en effet, que deux de ces appareils aient

besoin, pour attirer complétement leurs armatures, d'une intensité de courant $= a$. Il sera indifférent évidemment de quelle manière on procurera à chaque appareil cette intensité nécessaire a. Ainsi donc on pourrait établir aux deux bouts de la ligne une pile locale, incapable, à elle seule, de faire marcher l'appareil de la station, parce qu'elle ne fournirait qu'une intensité $b < a$. Alors en lançant dans le circuit des deux appareils un courant de l'intensité $c =$ ou $> a - b$, on pourra faire marcher ensemble les appareils, quelque petit que soit c par rapport à a, pourvu toutefois que les choses soient disposées de manière que chacun des appareils, en marchant, rompe à la fois le circuit de la pile locale et celui du courant qui traverse le circuit en entier.

Or cette disposition est facile à réaliser. Qu'on imagine un circuit télégraphique avec deux de mes appareils aux deux stations, chaque appareil étant muni de sa pile, mais le courant résultant des deux piles étant incapable de faire marcher les appareils. Alors qu'on établisse à chaque station un circuit dérivateur, entre le fil qui va de la pile au sol et celui qui va du télégraphe à l'autre station; voici ce qui se passera. Dans chaque télégraphe et chaque pile, le courant de la même pile augmentera d'intensité, parce que l'établissement du circuit dérivateur diminuera la résistance du circuit offert à la pile. Au contraire, dans chaque télégraphe et chaque pile, le courant de l'autre pile diminuera d'intensité, parce que, dans plusieurs circuits offerts simultanément à la même pile, les intensités sont en raison inverse des résistances. Mais l'augmentation du courant de la pile correspondante dans chaque télégraphe pourra surpasser la diminution du courant de l'autre pile, et de cette manière, par le fait même de l'établissement des courants dérivateurs, l'intensité, dans chacun des télégraphes, pourra devenir assez grande pour qu'il entre en action. Cependant, pour que les aiguilles restent d'accord, il faudra qu'une condition soit remplie. Cette condition, c'est que le courant de la pile de chaque station dans le télégraphe de la même station, quand il circule dans le circuit dérivateur, ne soit pas assez intense à lui seul pour faire marcher le télégraphe; car, si cela était le cas, l'un des télégraphes pourrait marcher sans l'autre, puisque la rupture du circuit à l'une des stations n'entraînerait plus la rupture du circuit à l'autre station. Au reste, cette condition pourra toujours être facilement remplie, en donnant une tension suffisante aux ressorts de rappel des deux appareils.

Admettons maintenant que le courant des deux piles dans le circuit télégraphique soit déjà, à lui seul, capable de faire fonctionner les appareils; alors l'établissement des circuits dérivateurs les fera évidemment marcher plus vite. Admettons encore que les circuits dérivateurs, ou bien ne soient pas d'égale résistance, ou bien qu'ils ne soient pas disposés symétriquement, ou que même il n'y en ait qu'un seul à l'une des extrémités de la ligne; en ce cas, l'intensité du courant dans les deux appareils ne sera plus la même; elle sera augmentée dans l'appareil auquel correspondra le circuit dérivateur de moindre résistance, ou le seul circuit pareil existant, et elle sera moins augmentée ou diminuée dans l'autre appareil. Néanmoins on comprend, d'après tout ce qui a précédé, que les télégraphes marcheront ensemble, et cela avec une vitesse qui, en ce cas encore, pourra excéder de beaucoup celle qu'on aurait obtenue sans circuit dérivateur. L'accord des appareils aura, il est vrai, une limite, la même qui a été indiquée plus haut, au delà de laquelle l'un d'eux refusera le service; mais il sera facile de rétablir l'accord en réglant convenablement la tension des ressorts.

Appliquons ces principes à ce qui se passe en réalité sur les lignes télégraphiques. Tout ce qui vient d'être dit des circuits dérivateurs artificiels s'applique également bien à ceux qui, sur les lignes télégraphiques, résultent de l'isole-

ment défectueux du fil. On se rappelle que ce sont de pareils circuits qui, en offrant au courant de la pile un chemin plus court, occasionnent ce que l'on a pris l'habitude
de nommer des *pertes*, parce que la seule chose qui, jusqu'à
présent, avait frappé dans ce phénomène, c'est l'affaiblisse-
ment du courant à la station opposée. M. Wheatstone avait
bien essayé de remédier à ces pertes et aux variations de leur
grandeur en établissant une pile à chaque station; mais avec
ses télégraphes à cadran et ceux du même genre, cette précaution ne réussit pas, parce que le circuit n'étant interrompu qu'à l'une des stations, l'armature de l'appareil récepteur reste trop facilement collée par l'effet du courant
de la pile correspondante qui subsiste encore dans le circuit
dérivateur. Eh bien, chose singulière, ces mêmes pertes,
si redoutables pour tous les autres appareils télégraphiques,
non-seulement, comme on l'a vu, ne font pas de tort à la
marche régulière de mes télégraphes à double interruption
spontanée, mais même la favorisent et l'accélèrent; et cela
dans des limites extrêmement étendues, parce que le courant établi dans le circuit dérivateur, pour porter le désordre
dans la correspondance, n'a pas seulement à tenir collée une
armature déjà attirée, mais qu'il faut qu'il devienne assez
puissant pour l'attirer à distance, après qu'elle a été rappelée par le ressort, et avant que l'armature de l'autre appareil ait également été rappelée tout à fait.

Cette propriété remarquable de mes appareils de fonctionner rapidement et avec précision, même quand il y
a des circuits dérivateurs qui mettraient fin au service
de tous les autres télégraphes, acquiert une importance
plus grande encore par la raison que voici. J'ai décrit,
vers la fin du premier chapitre, les phénomènes qui
résultent de ce que le fil de cuivre, avec son enduit
isolant, figure une jarre de Leyde d'une capacité gigan-
tesque qui reçoit sa charge de la pile avec laquelle l'une
de ses extrémités est en contact. Ces phénomènes don-

nent lieu à certaines perturbations dans la marche des appareils télégraphiques en général. Dans ceux de ma construction, ils deviennent facilement cause que l'un des appareils reste stationnaire et que l'autre marche avec une grande rapidité. Il y a un moyen très-simple de remédier à ces perturbations; ce moyen consiste précisément à établir un circuit dérivateur artificiel du fil qui va à l'autre station au fil qui va de la pile au sol : en sorte que, comme il n'y a que mes appareils dont la marche ne soit pas gênée par la présence de circuits dérivateurs, il n'y a aussi qu'eux à l'aide desquels on puisse recueillir tous les avantages des conduits souterrains bien isolés.

Avantages résidant dans le mode d'action des nouveaux télégraphes. — Dans mon système, il suffit d'un seul fil, et, à chaque station, d'un seul appareil et d'un seul employé pour donner et pour recevoir les signaux. On peut faire entrer dans le même circuit autant d'appareils que l'on veut, tous marcheront ensemble du même pas. De chaque station, tous les appareils installés dans le même circuit peuvent être arrêtés à la fois au même instant. Ainsi, à chaque instant de la transmission de la dépêche, quand il n'y a pas d'appareil à impression, chaque employé qui la reçoit peut couper la parole à celui qui la donne, et gagner ainsi le temps nécessaire pour noter le mot qu'il a recueilli, sans risquer que, pendant cette occupation, de nouveaux signaux échappent à son attention. Rien de plus facile d'ailleurs que de parler d'une des stations extrêmes à une station intermédiaire quelconque, sans que les autres participent à la dépêche. A un signal convenu, les employés des stations intermédiaires retirent leurs télégraphes du circuit et les remplacent par une sonnerie qui reste au repos, sous l'action du courant intermittent, mais donne l'éveil quand un courant continu la traverse, en vertu du même principe qui fait que l'aimant à impression, dans l'appareil décrit plus haut, ne se met à fonctionner que quand le circuit est tenu fermé pendant un certain temps. La dépêche finie, les deux employés des stations en correspondance retirent à leur tour du circuit leurs télégraphes qui rendaient intermittent le courant des piles, de manière à ce qu'il devienne continu, les carillons des stations intermédiaires entrent en jeu et avertissent les employés qu'il est temps de réinstaller leurs télégraphes dans le circuit. Toutes ces diverses combinaisons s'exécutent instantanément à l'aide d'une manivelle qui a trois positions : dans l'une, il y a communication avec les deux stations avoisinantes; dans l'autre, la dépêche passe inaperçue d'une station à une autre, à l'exclusion du télégraphe, comme cela vient d'être indiqué ; dans la troisième, enfin, tous les télégraphes participent à la fois à la même dépêche. Enfin, à chacun de mes télégraphes, comme on l'a vu plus haut, peut être adapté un appareil à impression, en sorte que la dépêche est imprimée à la fois aux deux stations. L'exactitude de la dépêche se trouve ainsi complétement garantie, sans qu'on ait besoin de se la faire rendre, et un désordre qui se glisserait dans les appareils pendant la transmission, ne pourrait même jamais affecter qu'un seul mot de la dépêche, parce qu'il serait aussitôt trahi par le son du timbre qui, lorsque tout est en règle, doit retentir entre chaque mot et le suivant en accord avec les blancs du cadran. L'appareil à impression ne communiquant au télégraphe que par voie électrique, le mécanisme de celui-ci n'en devient pas plus compliqué, et les désordres auxquels l'appareil à impression pourrait être sujet, à raison de sa plus grande complication, ne réagissent point sur le télégraphe. La marche du télégraphe est tout aussi rapide avec l'appareil à impression que sans lui, et l'impression même n'implique dans la transmission de la dépêche aucune perte de temps, parce qu'elle se fait à l'instant où le télégraphe est censé s'arrêter un moment par l'effet de l'abaissement d'une touche. Enfin, comme c'est le rouleau et non la roue-

type elle-même qui porte le noir, l'impression reste |tou-
jours également noire et nette d'un bout de la dépêche à
l'autre, quelle que soit son étendue.

Ce télégraphe, avec l'appareil à impression comme sans
lui, n'exige, pour être manié, aucune dextérité particulière, parce qu'il suffit, à cet effet, de s'orienter simplement sur un clavier, et cela, bien entendu, sans que de
l'emploi de ce clavier il résulte la moindre complication de
l'appareil. Quant à la rapidité de la correspondance, un
employé tant soit peu exercé donne, par minute, de cinquante à soixante signaux complets, soit lettres imprimées
en caractères ordinaires, y compris les blancs. Ce chiffre
peut ne pas paraître considérable auprès de ce que four-
nissent certains autres appareils, par exemple le télégraphe électrochimique de M. Bain; mais il faut bien faire
attention à ce que mon télégraphe, d'une part, n'exige pour
fonctionner aucun préparatif, qu'il est à chaque instant
prêt à entrer en action, et que, de l'autre, la dépêche est
rendue en caractères ordinaires, en sorte qu'il n'y a aucun
temps de perdu à la déchiffrer.

Conclusion.

Les appareils télégraphiques dont je viens de faire connaître la construction et d'exposer les avantages, ne sont
plus seulement à l'état de projet. Bien au contraire, ces
appareils sont depuis trois ans adoptés par le gouvernement prussien; plusieurs directions de chemins de fer ont
suivi son exemple, et, aujourd'hui, plus de cent cinquante
de ces appareils fonctionnent dans le nord de l'Allemagne,
chiffre qui va être doublé dans le cours de cette année.
Depuis qu'ils sont en service, ils ont travaillé avec une régularité irréprochable, en sorte qu'il se passe des mois sans
que les aiguilles se détachent l'une de l'autre.

Il va sans dire, au reste, que ces appareils, malgré la
simplicité de leur principe, exigent, en leur qualité de

machines à mouvement propre, un constructeur habile, intelligent et soigneux. Qu'il me soit permis, à cette occasion, de faire mes remercîments publics à mon collaborateur M. J. Halske, de Berlin, à l'admirable talent duquel je dois attribuer la plus grande partie des succès dont mes efforts, dans cette belle branche de la physique appliquée, ont peut-être été couronnés.

(Extrait des *Annales de Chimie et de Physique*, 3ᵉ série, t. **XXIX**.)

TABLE.

CHAPITRE I.

DE L'ÉTABLISSEMENT DU CIRCUIT TÉLÉGRAPHIQUE.

Pages.

Remarques générales............................... 1

1° Pertes d'électricité par suite de l'isolement défectueux du fil... *ib.*

2° Perturbations par l'électricité atmosphérique......... 2

3° Perturbations par suite de lésions du fil, accidentelles ou dues à la malveillance 4

Considérations générales sur les fils aériens et les fils souterrains... .... *ib.*

Historique de l'invention des fils souterrains............ 5

Fabrication du fil enduit de gutta-percha............... 6

Procédés pour s'assurer de l'isolement du fil............ 7

Établissement des fils souterrains 8

Procédés pour explorer l'isolement et la continuité du fil en place.. *ib.*

Procédés pour découvrir le lieu précis de solutions de continuité, soit de l'enduit isolant, soit du fil métallique.... 9

Frais des fils souterrains 12

Avantages des fils souterrains......................... *ib.*

Phénomènes remarquables qu'offrent les conduits souterrains.. 14

CHAPITRE II.

DES APPAREILS TÉLÉGRAPHIQUES.

Division des télégraphes électriques en deux classes...... 18

Comparaison des deux classes de télégraphes électriques. . *ib.*

Description d'un nouveau télégraphe à cadran.......... 20

Pages.

Carillon d'alarme et méthode de se mettre en correspon-
dance 23

Intensité des courants employés à faire marcher le nouveau
télégraphe à cadran 25

Appareil additionnel ou transmetteur servant à faire fonctionner le télégraphe à de grandes distances 26

Appareil à impression 29

Artifice pour préserver de détérioration les endroits du cir-
cuit où éclate l'étincelle 35

Remarque générale sur le principe de construction des nou-
veaux télégraphes à cadran . . . . *ib.*

Avantages résidant dans le principe de construction des nou-
veaux télégraphes 36

Avantages résidant dans le mode d'action des nouveaux télé-
graphes 43

Conclusion 45

PARIS. — IMPRIMERIE DE BACHELIER,
rue du Jardinet, 12.

www.ingramcontent.com/pod-product-compliance
Lightning Source LLC
LaVergne TN
LVHW021153200726
843510LV00001B/337